Собирая себя заново

Elena Bondar

Published by Elena Bondar, 2024.

СОБИРАЯ СЕБЯ ЗАНОВО

First edition. November 30, 2024.

ISBN: 979-8230295495

Written by Elena Bondar.

«Собирая себя заново»

Я — Елена Бондарь, и эта книга о моём пути. О том, как я потеряла всё, что когда-то считала основой своей жизни, и заново собрала себя из осколков. О том, как, оставшись одна с двухмесячной дочерью, двадцатью евро в кармане и бесконечным страхом в сердце, я нашла в себе силы двигаться вперёд.

Здесь нет идеальных решений или сказочных историй. Здесь только правда. Я делюсь своими победами, своими ошибками и своими уроками, чтобы показать: даже когда кажется, что всё потеряно, всегда есть путь наверх. Эта книга — не о том, как стать сильной для других. Она о том, как выбрать себя.

Я хочу, чтобы вы знали: вы не одни. И если я смогла собрать себя заново, значит, сможете и вы.

Почему я решила рассказать свою историю

Я знаю, что моя история не уникальна. Каждый день миллионы людей сталкиваются с болью, потерями, трудностями. Кто-то проходит через большее, чем я, кто-то находит силы в ещё более мрачных обстоятельствах. Я никогда не пыталась сделать из своей жизни драму или выставить её особенной. Но я верю, что каждая история, если её рассказать, может помочь другим. Может вдохновить, поддержать, стать маленьким огоньком в чьей-то темноте.

Эта книга — не просто мой рассказ о прошлом. Это моё напоминание себе и другим, что, даже оказавшись на дне, можно найти путь наверх. Это моя попытка показать: вы не одни. Даже когда кажется, что весь мир отвернулся, внутри вас всегда есть сила, которая способна вернуть вас к жизни.

Три года назад я была женщиной, которая смотрела на свою жизнь и не видела никакого будущего. Моя мама, самый близкий человек, ушла, так и не увидев, как на свет появилась её внучка. Я осталась одна с двухмесячной дочерью на руках, двадцатью евро в кармане и полной уверенностью, что я не справлюсь.

Это было как стоять перед пропастью, глядеть вниз и не видеть дна. Я боялась каждого следующего шага, потому что не знала, к чему он приведёт. И всё это время я задавала себе один вопрос: "Почему именно я?"

Когда я была на девятом месяце беременности, моя мама, мой главный источник поддержки, ушла из жизни. Я помню тот день, как будто это было вчера. Телефонный звонок, голос, сообщающий, что её больше нет. Мой мир рухнул. Мне казалось, что я осталась одна в этой вселенной. Кто теперь подскажет мне, как быть хорошей матерью? Кто скажет, что всё будет хорошо?

Я сидела на кухне, обнимая свой большой живот, чувствуя, как моя дочь толкается внутри, и плакала. Это был один из тех моментов, когда ты понимаешь: ты больше никогда не будешь прежней. Потеря мамы оставила пустоту, которую я никогда не смогу заполнить. Но одновременно с этим я знала: ради своей дочери я должна найти способ жить дальше.

Я думала, что мой брак станет моим спасением. Но вместо этого он стал ещё одной болью. Отец моей дочери оказался абьюзером и манипулятором. Я жила в страхе. Я чувствовала, как моя личность исчезает, как я превращаюсь в тень. И однажды, когда моя дочь была совсем маленькой, я поняла: я должна уйти. Не ради себя. Ради неё.

Когда я собиралась вернуться на родину, чтобы начать всё заново, в моей стране, Украине, началась война. Я поняла что этого дома у меня тоже нету, и моим домом стала Испания. Это был очередной удар судьбы, который должен был сломать меня. Но я уже знала: мне нужно выстоять.

Я делюсь своей историей, потому что знаю: вы тоже можете справиться. Даже если вы сейчас чувствуете себя потерянными. Даже если у вас больше нет сил. Эта книга — моё письмо каждому, кто думает, что он один. Вы не одиноки. У вас есть сила, о которой вы ещё не подозреваете.

Если вы читаете это, знайте: я верю в вас. Вы можете справиться. Вы можете начать заново. И, что бы ни происходило в вашей жизни, вы всегда можете выбрать себя. Это трудно. Это страшно. Но это возможно.

Эта книга — не просто моя история. Это история всех нас. История о том, как даже самые мрачные моменты могут стать отправной точкой для новой жизни. И если я смогла пройти этот путь, значит, сможете и вы.

Глава 1. Когда жизнь рушится

Иногда жизнь рушится так стремительно и бесповоротно, что кажется — выхода просто нет. Всё, что ты знала, любила и строила, исчезает. Как будто кто-то нажал на кнопку "сброс", не спросив твоего разрешения. У меня это случилось три года назад.

Я до сих пор помню то утро. Утро, которое начиналось как обычное — пока не разорвалось звонком сестры. На девятом месяце беременности я потеряла самого близкого человека в моей жизни — маму. Я всё ещё ощущала её тепло, её голос, её смех, когда она с нетерпением ждала рождения внучки. Но ей так и не довелось её увидеть. Это была первая трещина, которая прошла по моей душе.

Казалось бы, куда хуже? Но судьба словно решила проверить, на сколько частей я могу расколоться. Всего через два месяца после рождения моей дочери я осталась одна. Разрыв с её отцом — токсичным, жестоким человеком, который больше разрушал, чем поддерживал, — был одновременно спасением и катастрофой. Мысль о том, что я воспитываю дочь одна, в стране, где у меня никого нет, с двадцатью евро в кармане, сводила меня с ума.

Я помню тот день. Дочь спала, свернувшись клубочком на моём белом пледе. Я сидела рядом, разглядывая её крошечные пальчики, и тихо плакала, чтобы не разбудить её. Это были слёзы боли, усталости и страха. Всё, что я любила, казалось, ушло. Мама, дом, будущее, которое я себе представляла. Казалось, что даже мир отвернулся от меня. Я хотела вернуться в Украину, чтобы начать всё заново. Но в этот момент началась война. И я поняла, что даже родной дом больше не существует в том виде, каким я его знала.

И вот я: мама двухмесячного ребёнка, без денег, без поддержки, в чужой стране, окружённая тишиной, которая звенела в ушах. Но знаете, что поразительно? В этой тишине я начала слышать себя.

Когда ты доходишь до дна

Говорят, чтобы выбраться из дна, нужно для начала перестать копать. Я была на дне. Глубже уже некуда. Но в какой-то момент, сидя ночью с дочерью на руках, я задала себе вопрос: "А что дальше?" Этот вопрос изменил всё. Я не знала, что делать, куда идти, с чего начать. Но я знала одно: если я сейчас сдамся, моя дочь потеряет не только отца, но и мать. Это была мысль, которая пробила через боль, через страх и через беспомощность.

Я начала с простого. Самое простое, что только могла придумать. Я составила список. Да, простой, блин, обычный список. Он состоял из всего, что мне нужно было сделать, чтобы просто выжить. Не стать успешной, не заработать миллионы, а просто прожить ещё один день. Например:

1. Покормить дочь.
2. Приготовить еду.
3. Сходить в душ и привести себя в порядок.
4. Поспать хотя бы 3 часа.

Эти пункты были до смешного простыми. Но каждый раз, когда я ставила галочку напротив одного из них, я чувствовала себя победителем. Это были маленькие победы, которые складывались в начало новой жизни.

Что я поняла о боли

Боль — удивительная штука. Она разрушает тебя до основания, но в то же время она становится почвой, из которой может вырасти что-то новое. Удивительно, но именно в моменты, когда мне казалось, что я больше не могу, я находила в себе силы. Я поняла одну вещь: сила — это не отсутствие страха или слабости. Это способность продолжать, несмотря на них.

Боль научила меня быть честной с собой. Раньше я боялась признаться, что мне плохо, что я устала, что я не знаю, что делать. Но как только я позволила себе эту честность, я вдруг ощутила лёгкость. Не нужно больше притворяться, не нужно больше держаться за иллюзии. Можно просто быть. Можно просто существовать и шаг за шагом строить себя заново.

Первые лучи света

Через пару месяцев после того, как я решила "перестать копать", я впервые ощутила, что жизнь снова становится управляемой. Нет, не лёгкой. Далеко не лёгкой. Но я начала видеть в ней порядок. Я научилась благодарить себя за маленькие шаги. Каждый день, когда я вставала с кровати, занималась дочерью, искала работу, это был день, когда я не сдавалась.

Люди часто говорят о больших победах, о грандиозных успехах. Но знаете, что действительно важно? Мелочи. Они и делают нас сильнее. Первый заработанный евро, первый раз, когда вы улыбнулись после долгих месяцев, первый раз, когда вы почувствовали, что держите свою жизнь под контролем. Эти моменты и были моими первыми лучами света.

Глава 2. Осознание своей ценности

Говорят, что самое сложное в жизни — это поверить в себя. Особенно, если тебя долго убеждали в обратном. Когда ты слышала, что "ты недостаточно хороша", "ты делаешь всё не так", "ты никому не нужна", это становится частью твоей внутренней программы. И хуже всего то, что ты начинаешь верить в это.

Когда я осталась одна с дочерью, моя самооценка была ниже плинтуса. Абьюзивные отношения оставили не только раны на сердце, но и глубокие трещины в том, как я видела себя. В токсичных отношениях ты теряешь свою личность. Ты становишься зеркалом, которое отражает только чужие желания и ожидания. Своих у тебя больше нет. Я была именно такой — женщиной, которая жила по чужим правилам, боясь ошибиться.

Но всё изменилось в тот момент, когда я поняла одну простую, но невероятно важную вещь: моя ценность не зависит от того, что думают обо мне другие. Она зависит только от меня.

Когда ты начинаешь задавать правильные вопросы

Этот процесс начался с вопросов. Я буквально заставила себя взять ручку, блокнот и написать: "Чего я хочу?". Сначала было страшно. Потому что я не знала ответа. Как будто я так долго жила чужими желаниями, что забыла, как звучат мои собственные.

Я писала всё подряд, без фильтров:

- Я хочу, чтобы моя дочь была счастлива.
- Я хочу быть свободной.
- Я хочу чувствовать себя нужной.
- Я хочу зарабатывать деньги, которые дадут мне независимость.
- Я хочу больше не бояться.

Знаете, что интересно? Когда ты записываешь свои желания, они начинают казаться реальными. Как будто они уже существуют, просто нужно к ним прийти. Эти записанные слова стали моим маяком.

Первая встреча с собой

Однажды я встала перед зеркалом и впервые за долгое время посмотрела на себя по-настоящему. Без макияжа, без фильтров, без оправданий. Я увидела молодую женщину, худую и с синяками под глазами от недосыпа, которая пережила столько боли, что казалось — её не сломить. Женщину, которая продолжает бороться. Женщину, которая, несмотря на всё, осталась сильной ради своего ребёнка.

Это было похоже на встречу с самой собой. И знаете что? Я поняла, что мне есть за что себя любить. Да, я не идеальна. Да, у меня были ошибки. Но разве это не делает меня живой? Почему я должна ненавидеть себя за прошлое, если я могу использовать его как мотивацию для создания своего будущего?

Сила маленьких шагов

Восстановление самооценки — это не моментальный процесс. Это маленькие шаги, которые ты делаешь каждый день. Вот что помогло мне:

1. **Комплименты самой себе.** Я начала с простого. Каждый день я говорила себе что-то приятное. "Ты молодец, что справилась с этим днём." Или: "Сегодня ты выглядишь прекрасно, несмотря на бессонную ночь." Сначала это казалось глупым. Но через какое-то время я начала в это верить.
2. **Отказ от токсичных людей.** Если кто-то заставлял меня чувствовать себя хуже, я переставала с ним общаться. Это было трудно. Особенно, когда это были люди, которых я раньше считала друзьями. Но я поняла: если кто-то постоянно топит тебя, он не стоит твоего времени.
3. **Небольшие победы.** Каждое достижение, каким бы маленьким оно ни было, я праздновала. Нашла новую работу? Молодец. Купила ребёнку игрушку, о которой она

мечтала? Великолепно. Подала заявку на грант для предпринимателей? Шикарно. Эти моменты стали фундаментом для моей новой самооценки.

Ценность, которую ты выбираешь сама

Со временем я поняла, что моя ценность не в том, чтобы быть идеальной. Она в том, чтобы быть собой. Меня не должны любить все. Мне не нужно быть лучшей мамой, предпринимательницей или женщиной в мире. Достаточно просто быть лучшей версией себя вчерашней. И знаете что? Это оказалось проще, чем пытаться угодить всем вокруг.

Каждая из нас имеет право на счастье. Каждая из нас достойна любви и уважения. Но самое главное — мы достойны своей собственной любви. Это не эгоизм. Это база. Если ты любишь себя, ты можешь дать эту любовь своему ребёнку, своему делу, своей жизни, себе. Без этого всё остальное рассыпается.

Шаг к свободе

Когда я осознала свою ценность, я почувствовала себя свободной. Свободной от чужих ожиданий, свободной от необходимости доказывать свою значимость. Я перестала искать подтверждения своей ценности в глазах других. И это стало поворотным моментом.

Токсичные люди теряют над тобой власть, когда ты понимаешь, что не нуждаешься в их одобрении. Ты больше не зависишь от их комплиментов или похвалы. Ты смотришь на себя в зеркало и думаешь: "Я уже достаточно хороша."

Глава 3. Прекращение быть марионеткой

Когда ты живёшь с абьюзером или токсичным человеком, ты не сразу понимаешь, как сильно тебя контролируют. Ты привыкаешь к тому, что твои желания и мысли не имеют значения. Ты учишься подстраиваться, угождать, предугадывать. Со временем ты начинаешь воспринимать это как норму. И, что самое страшное, ты теряешь себя абсолютно, тебя просто не существует.

Я жила так долго. В какой-то момент я стала не человеком, а удобным инструментом. Я выполняла роль "идеальной жены", "удобного партнёра", "надёжной поддержкой". Я думала, что так должно быть. Что это и есть любовь. Что в этом и заключается женская сила — быть полезной и нужной.

Но теперь я знаю: это не так, и пусть кто-то только попытается доказать мне обратное.

Жизнь на нитях

Жить с абьюзером — это как быть марионеткой в чьих-то руках. Они дёргают за ниточки, управляют тобой, играют на твоих эмоциях. Но в отличие от куклы, ты осознаёшь, что с тобой происходит. Ты чувствуешь боль. Ты задаёшь себе вопросы: "Почему так?", "Что я сделала не так?", "Может, я заслуживаю этого?"

Один из самых ярких эпизодов в моей жизни произошёл, когда я ещё была беременной. Я помню, как однажды, уже на последнем сроке, я попыталась поговорить с бывшим мужем о своих чувствах. Мне было страшно, я чувствовала себя уязвимой, но я всё-таки набралась смелости. Я сказала ему: "Я боюсь. Я не знаю, что нас ждёт. Я тяжело переживаю смерть мамы, я скучаю за родными. Мне нужна твоя поддержка."

Знаете, что он сделал? Усмехнулся. Просто усмехнулся и сказал: "Не выдумывай и не накручивай." Этот момент был для меня как удар молнии. Это был знак, который я тогда ещё не смогла расшифровать, но который теперь понимаю: я для него была всего лишь инструментом. Моё существование вращалось вокруг его потребностей, но его — никогда вокруг моих.

Осознание, что ты — не вещь

Прекратить быть марионеткой — это процесс, который начинается с осознания: ты не вещь. Ты не "полезный инструмент". Ты человек. С желаниями, эмоциями, мечтами. С болью, с радостью, с правом на уважение.

Для меня это осознание пришло после одного вечера, когда моя дочь, совсем крошка, вдруг сильно заплакала. Я взяла её на руки, начала укачивать и тихо шептать: "Всё будет хорошо, мама с тобой." И тут я осознала: эти слова я говорю не только ей. Я говорила их себе. Как будто внутри меня что-то щёлкнуло: "Ты должна быть сильной. Не для него. Не для кого-то другого. Для неё. И для себя."

Я поняла, что моё "да" и моё "нет" имеют значение. Я поняла, что моя жизнь не должна зависеть от того, что хочет другой человек. Я поняла, что у меня есть право быть собой.

Как разорвать нити

Но вот вопрос: как? Как перестать быть марионеткой, когда ты так долго жила, подчиняясь чужой воле? Это не происходит в один момент. Это путь, который требует терпения, силы и работы над собой. Вот, что помогло мне:

1. **Признать проблему.** Это самый сложный шаг. Для меня это было как удар по голове, когда я осознала, что жила в мире, где мои желания ничего не значили. Это больно — увидеть правду. Но без этого нельзя двигаться дальше. Перестаньте закрывать глаза и делать вид что всё в порядке.
2. **Перестать угождать.** Это было невероятно трудно. Особенно когда ты привыкла всегда быть "удобной". Я начала с мелочей. Например, перестала оправдываться за свои желания. Если я хотела провести вечер за книгой, а не за уборкой, я просто делала это. И знаете, что произошло? Ничего страшного. Мир не рухнул.
3. **Учиться говорить "нет".** Для меня это стало революцией.

Раньше я думала, что "нет" — это проявление слабости или эгоизма. Теперь я понимаю, что "нет" — это проявление силы. Когда ты говоришь "нет", ты утверждаешь свою ценность.

4. **Доверять своим чувствам.** Абьюзеры часто внушают, что твои чувства не важны. Но это ложь. Твои эмоции — это сигналы, которые помогают понять, что тебе нужно. Я начала слушать себя. Если мне было плохо, я задавала вопрос: "Почему? Что я могу сделать, чтобы стало лучше?"
5. **Ставить себя на первое место.** Это не эгоизм. Это необходимость. Если ты не заботишься о себе, у тебя не будет сил заботиться о других.

Сопротивление и свобода

Когда ты начинаешь разрывать нити, ты сталкиваешься с сопротивлением. Абьюзеры не любят терять контроль. Они будут пытаться манипулировать тобой, использовать чувство вины, обесценивать твои успехи. Это нормально. Это их реакция на потерю власти.

Но знаете, что самое удивительное? Чем дальше ты уходишь, тем слабее они становятся. Ты начинаешь видеть их такими, какие они есть: не сильными, а слабыми. Не всесильными, а зависимыми от твоей силы. Это понимание даёт невероятное чувство свободы.

Новая глава

Теперь, оглядываясь назад, я вижу, какой путь я прошла. Я больше не марионетка. Я женщина, которая сама управляет своей жизнью. Это не значит, что я всегда сильная. У меня бывают слабости, ошибки, моменты, когда я снова сомневаюсь в себе. Но разница в том, что теперь я знаю: это нормально. Это часть пути.

Я научилась уважать себя. И знаете, что я поняла? Когда ты уважаешь себя, другие начинают уважать тебя. Люди, которые привыкли управлять тобой, либо уходят, либо меняют своё поведение. А в твоей жизни появляются те, кто ценит тебя такой, какая ты есть.

Ты больше не марионетка. Ты — режиссёр своего спектакля.

Глава 4. Дистанция как лекарство

Когда я впервые услышала фразу "отступление — это не поражение, а стратегия", я не сразу поняла её суть. Я всегда считала, что сильные люди остаются и борются до конца. Они доказывают свою правоту, терпят удары и делают всё, чтобы показать миру свою стойкость. Но правда в том, что иногда настоящая сила заключается в том, чтобы отойти. Осознанно, с достоинством. И дать себе шанс исцелиться.

Когда ты живёшь в токсичных отношениях или окружении, где тебя не ценят, ты теряешь связь с собой. Ты настолько погружаешься в круговорот чужих ожиданий и манипуляций, что забываешь, кто ты на самом деле. Ты становишься тенью — своей собственной, чужой, чьей угодно, но не своей. В какой-то момент я поняла, что если не сделаю шаг назад, я потеряю себя окончательно.

Почему уход — это не слабость

Решение отойти далось мне нелегко. Казалось, что это знак моей слабости. Что я как будто признаю своё поражение, если оставлю всё, что знала. Было страшно представить, что я буду одна. Страшно осознать, что никто не придёт на помощь. Но ещё страшнее было остаться там, где я была, и позволить этому медленно убивать меня.

В первую ночь после разрыва я не спала. Я сидела у окна, слушала ветер и смотрела в пустоту. Внутри меня была буря. Гнев, боль, страх, чувство утраты. Это была ночь, полная сомнений: "Правильно ли я поступила? Смогу ли я выжить? А вдруг я сделала ошибку?"

На следующее утро я поняла: да, это было страшно. Да, это было больно. Но это было правильно.

Что даёт дистанция

Когда ты создаёшь расстояние между собой и людьми, которые тебе вредят, ты начинаешь видеть всё иначе. Дистанция — это как линза, через которую ты наконец начинаешь различать детали. Ты начинаешь видеть, кто действительно поддерживает тебя, а кто тянет вниз. Ты понимаешь, что многие вещи, которые казались важными, на самом деле не имеют никакого значения. И самое главное — ты начинаешь слышать себя.

В первые дни после разрыва я чувствовала себя потерянной. Казалось, что мир вокруг стал ещё холоднее, ещё тише. Но с каждой неделей эта тишина становилась для меня целебной. Она позволила мне задуматься: "Кто я? Чего я хочу? Кем я хочу быть для своей дочери?"

Дистанция дала мне ясность. Когда ты больше не находишься под давлением манипуляций, ты начинаешь чувствовать себя легче. Ты начинаешь разбирать своё прошлое, как старый шкаф, доставая вещи и решая, что оставить, а что выбросить.

Первая встреча с одиночеством

Отдалиться — значит научиться быть одной. Для многих это самая страшная часть. Мы боимся остаться наедине со своими мыслями, боимся услышать то, что давно избегали. Но одиночество — это не враг. Это инструмент.

В первые дни я чувствовала себя, будто у меня вырвали часть души. Люди, которые были в моей жизни, пусть даже токсичные, оставили после себя пустоту. Я сидела на диване, глядя на спящего ребёнка, и думала: "Как мне заполнить эту пустоту?"

Ответ пришёл не сразу. Пустота не заполняется мгновенно. Она наполняется маленькими шагами. Первой улыбкой, которую ты даришь себе. Первым днём, когда ты решаешь выйти на улицу и вдохнуть свежий воздух. Первым разом, когда ты позволяешь себе плакать, но не потому, что ты слаба, а потому, что ты человек.

Что происходит с теми, кого ты оставляешь

Знаете, что самое интересное в отступлении? Оно разрушает всю динамику, которая была между тобой и другим человеком. Люди, которые привыкли тобой управлять, теряют контроль. Они начинают чувствовать себя неуверенно, когда понимают, что больше не могут дёргать за ниточки. Это как внезапно потерять любимую игрушку. Они не знают, как реагировать.

Первое время бывший пытался вернуть меня. Сначала с жалостью: "Ты не справишься одна." Потом с угрозами: "Ты пожалеешь, ты оставила дочь без отца" Потом с равнодушием, которое должно было показать, что ему всё равно. Но знаете что? Всё это было его борьбой с пустотой, которую я оставила. Потому что я была источником его контроля, его удобства. И теперь этого больше не было.

Но к тому времени я уже научилась ставить барьеры. Я знала: его слова — это просто попытка вернуть власть. И я больше не собиралась давать её.

Встреча с собой

Дистанция — это не только уход от других. Это ещё и встреча с собой. Это процесс, в котором ты узнаёшь себя заново. Для меня это было как знакомство с женщиной, которая жила внутри меня всё это время, но которую я давно не видела.

Я начала задавать себе вопросы:

- Что делает меня счастливой?
- Какие мечты я похоронила в угоду другим?
- Какая я хочу быть для своей дочери?

Эти вопросы стали фундаментом для моего нового "я". Я начала изучать новые хобби, пробовать новые занятия, спорт, дайвинг, скалолазание, читать книги, которые вдохновляли меня. И чем больше я фокусировалась на себе, тем меньше зависела от других.

Дистанция как акт любви

Многие думают, что уход — это про гнев или месть. Но это не так. Уход — это акт любви. Любви к себе. Любви к своей свободе, своему будущему. Это выбор в пользу жизни, а не выживания.

Когда я отдалилась, я поняла: я даю себе шанс стать той женщиной, которой всегда хотела быть. Не чьей-то тенью, не жертвой обстоятельств, а женщиной, которая создаёт свою жизнь сама.

Если вы чувствуете, что застряли в жизни, которая вас разрушает, сделайте шаг назад. Не бойтесь тишины, не бойтесь одиночества. Дистанция — это не конец. Это начало. Это время, чтобы перестроить себя, чтобы найти свою силу и свои цели.

Да, уход страшен. Но ещё страшнее — остаться там, где вам плохо. Помните, что отступление — это не слабость. Это способ дать себе шанс на новую жизнь.

Глава 5. Как я начала возвращать контроль

Контроль. Это слово долгое время казалось мне чем-то недосягаемым. Жизнь с абьюзером научила меня, что контроль — это то, что всегда принадлежит кому-то другому. Мои эмоции, решения, даже мысли — всё это находилось под управлением другого человека. И знаете, что самое страшное? Со временем ты перестаёшь понимать, что происходит. Ты думаешь: "Так и должно быть. Это нормально." Но это не нормально.

Потеря контроля над своей жизнью — это как медленное утопление. Ты ещё дышишь, но вода уже заполняет лёгкие. Ты кричишь, но никто не слышит. И вот в какой-то момент я поняла: если я не начну бороться за себя, никто этого не сделает. Никто не протянет мне руку. Никто не скажет: "Давай, я помогу." Я должна была сама выбраться из этого хаоса.

Начало пути

Моё путешествие к возвращению контроля началось с одного простого осознания: никто не имеет права управлять моей жизнью. Да, это звучит очевидно. Но поверьте, когда ты годами живёшь под чужим давлением, это осознание приходит как гром среди ясного неба.

Я помню, как в одну из ночей, сидя с дочерью, я смотрела на неё и думала: "Если я сейчас не изменю свою жизнь, она вырастет, видя меня сломанной. Она будет думать, что быть жертвой — это нормально. Что терпеть унижения — это часть жизни." Эта мысль поразила меня. Я не могла этого допустить.

Тогда я взяла лист бумаги и написала всего одну фразу: **"Я заслуживаю свободы."**

Я прикрепила этот листок на стену, чтобы видеть его каждое утро. Это стало моим первым шагом к возвращению контроля.

Маленькие победы

Контроль — это не то, что ты берёшь за один день. Это как восстановление после травмы: шаг за шагом, миллиметр за миллиметром. Я начала с самых маленьких вещей, которые казались незначительными, но постепенно возвращали мне уверенность.

1. **Мои решения — мои правила.** Я перестала спрашивать разрешения на свои действия. Если я хотела провести вечер с книгой или фильмом, а не за уборкой, я делала это. Если я хотела купить что-то для себя, а не для других, я не испытывала вины. Это было трудно. Очень трудно. Но каждый раз, когда я выбирала себя, я чувствовала, что возвращаю себе часть себя.
2. **Границы.** Установление границ было революцией для меня. Раньше я позволяла другим людям вмешиваться в мою жизнь, критиковать меня, диктовать свои условия. Теперь я научилась говорить: "Нет. Это моя жизнь." И это "нет" стало фундаментом моей свободы.
3. **Фокус на том, что важно.** Я поняла, что не могу контролировать всё. Но я могу контролировать своё отношение к вещам. Когда бывший пытался манипулировать мной, я больше не реагировала. Я говорила себе: "Он больше не имеет власти надо мной." Это был акт сопротивления, который становился легче с каждым днём. Но вызывал всё больше агрессии в нём.

Сложности на пути

Конечно, путь к возвращению контроля не был гладким. Было много моментов, когда я чувствовала себя слабой. Когда мне казалось, что проще всё бросить и вернуться в привычный хаос. Люди вокруг, особенно токсичные, пытались вернуть меня в старую динамику.

"Ты не справишься одна с нашей дочерью," — говорил он.

"Но ведь одной тебе будет хуже," — угрожали другие.

"Ты всё испортишь," — звучал голос в моей голове.

Но каждый раз, когда я сталкивалась с этими словами, я напоминала себе: я уже справляюсь. Да, не идеально. Да, с ошибками. Но я двигаюсь вперёд. А они все остались там, в прошлом.

Переломный момент

Настоящий переломный момент произошёл, когда я впервые почувствовала, что у меня есть выбор. Это было что-то простое: я решила, что больше не буду отвечать на сообщения. Звучит мелочь, правда? Но для меня это было огромным шагом.

Каждый раз, когда он писал мне, это вызывало бурю эмоций: гнев, страх, обиду. Раньше я отвечала, потому что думала, что должна. Но в тот день я поняла: я не обязана. Его слова больше ничего не значат. Я посмотрела на экран телефона, вдохнула глубоко и просто нажала "удалить и заблокировать". Это было освобождение.

Постепенно я начала замечать изменения в себе. Я стала увереннее, спокойнее. Я начала видеть жизнь такой, какая она есть, а не такой, какой её мне представляли другие. Я узнала, что у меня есть сила, о которой я даже не подозревала.

Контроль не означает, что ты всегда знаешь, что делать. Это означает, что ты больше не позволяешь другим людям диктовать тебе условия. Это означает, что ты берёшь ответственность за свою жизнь и свои ошибки. Это означает, что ты выбираешь себя.

Как вернуть контроль: мои уроки

Если вы чувствуете, что потеряли контроль над своей жизнью, начните с малого. Вот что помогло мне:

1. **Определите свои цели.** Что для вас реально важно? Чего вы хотите? Не бойтесь ответить честно.
2. **Установите границы.** Это сложно, но без границ вы всегда будете под контролем других.
3. **Отпустите то, что не можете изменить.** Это не поражение, это освобождение. Идите дальше.

4. **Научитесь говорить "нет".** Не извиняйтесь за свои решения. Шлите всех, кто вами манипулирует.
5. **Слушайте себя.** Ваши чувства — это ваш внутренний компас. Если что-то вызывает боль или тревогу, разберитесь с этим.

ТЕПЕРЬ Я СМОТРЮ НА свою жизнь и понимаю: я больше не та женщина, которая боялась сделать шаг в сторону. Я больше не позволяю другим управлять мной. Я больше не завишу от чужих ожиданий.

Это не значит, что я стала идеальной. Я всё ещё учусь. Я всё ещё расту. Но разница в том, что теперь моя жизнь принадлежит мне. И я никогда не отдам этот контроль обратно.

Если вы чувствуете, что застряли, знайте: вы не одна. И вы можете начать возвращать себе контроль прямо сейчас. Маленькими шагами, с ошибками и сомнениями. Но с каждым шагом вы будете становиться сильнее. Я верю в вас. И, что ещё важнее, вы должны верить в себя.

Глава 6. Что такое рост

Есть нечто невероятно сильное в том, чтобы взять разрушенные куски своей жизни и превратить их в прочный фундамент. Когда ты долгое время находишься в тени, люди начинают думать, что ты всегда останешься там. Что ты не способна на перемены, что ты не сможешь выбраться из их ловушки. Они уверены: ты уже сломлена, и ничего с этим не сделаешь. Но когда ты начинаешь меняться, это вызывает у них шок.

Те, кто привык видеть тебя слабой, ожидают, что ты останешься такой навсегда. Они уверены, что ты будешь страдать, что ты будешь бегать за их вниманием, что ты не справишься без них. Они строят свою уверенность на твоём страхе. Они считают, что без них ты ничто.

Я помню, как однажды мой бывший сказал мне: "Ты без меня пропадёшь." Это была его правда. Его убеждение. Его иллюзия. Он искренне думал, что я не смогу справиться одна. Что я сдамся, что рано или поздно я вернусь, ползком, моля о прощении. Но вместо этого я сделала то, чего он не ожидал: я начала расти. К слову, много мужчин делают такую ошибку, недооценивая силу женщины.

Что такое рост

Рост — это процесс, который начинается с решения. Сначала маленького, неуверенного, но решительного: "Я больше так не хочу." Это как посадить маленькое семя в землю. Сначала ты не видишь результатов. Ты работаешь над собой, делаешь что-то новое, и кажется, что ничего не меняется. Но потом появляются первые ростки.

Я начала с того, что сосредоточилась на себе. Впервые за долгие годы я спросила себя: "Что делает меня счастливой?" Ответы не были грандиозными. Это могли быть мелочи: вечерняя прогулка, чтение книги, чашка кофе наедине с собой, пока спит дочь. Но эти маленькие радости дали мне энергию. Они стали золотым пенком для моего внутреннего роста.

Первая реакция окружающих

Когда ты начинаешь меняться, это сбивает людей с толку. Особенно тех, кто привык видеть тебя зависимой. Первое время они не верят. Они думают: "Это просто фаза." Они ждут, когда ты вернёшься к своей старой версии.

Но чем дальше ты уходишь от старого "я", тем больше это начинает их беспокоить. Это как устанавлить новое програмное обеспечение на старый комп, он просто не тянет. Они замечают, что ты больше не отвечаешь на их звонки так быстро, как раньше. Что ты больше не плачешь в ответ на их слова. Что ты, черт возьми, улыбаешься без их разрешения.

Знакомые часто писали мне сообщения по типу: "Ты стала какой-то другой." Это было не обвинение, это была констатация факта. Да, я стала другой. Я стала собой. И вы мне в этой новой версии не нужны.

СИЛА НЕОЖИДАННОГО РОСТА

Знаете, что самое удивительное? Люди начинают уважать тебя, когда видят твой рост. Даже те, кто когда-то считал тебя слабой. Это не всегда приятно — это вызывает у них зависть, беспокойство, возможно, даже обиду. Но они не могут не признать: ты изменилась.

Однажды, спустя несколько месяцев после разрыва, я встретила знакомых, которые знали меня в самые тяжёлые моменты моей жизни. Они ожидали увидеть меня такой же потерянной, растерянной, подавленной. Но вместо этого они увидели уверенную, улыбающуюся женщину. Они не могли скрыть своего удивления. Один из них даже спросил: "Как ты справилась?"

Мой ответ был простым: "Я решила, что я достойна большего."

Как я росла

Мой рост был не быстрым, но целенаправленным. Вот что помогло мне стать сильнее:

1. **Фокус на образовании.** Я начала учиться. Не обязательно в классическом смысле — я читала книги, смотрела образовательные видео, изучала новые навыки. Это дало мне чувство, что я контролирую свою жизнь.
2. **Физическое развитие.** Я начала заниматься спортом. Это помогло не только моему телу, но и моему духу. Когда ты чувствуешь силу в своём теле, ты начинаешь чувствовать силу в своём разуме.
3. **Эмоциональная работа.** Я позволила себе чувствовать. Я плакала, кричала, злилась. Но потом я училась отпускать. Не игнорировать, не подавлять, а именно отпускать свои чувства. Когда-то прочла замечательную фразу – «Боль хочет чтоб её чувствовали».
4. **Создание нового окружения.** Я искала людей, которые поддерживали мой рост. Я научилась фильтровать своё окружснис, убирая тех, кто тянул меня вниз. В итоге сейчас у меня только несколько близких и проверенных людей, и больше мне не надо.

Ваш рост — это зеркало. Он заставляет других людей смотреть на себя и задаваться вопросами. Почему они не могут измениться? Почему они застряли в прошлом? Это не ваша вина, что ваш рост вызывает у них дискомфорт. Это их борьба. Но ваш рост также может вдохновить. Он может показать другим, что перемены возможны.

Я видела это на своём опыте. Люди, которые однажды сомневались во мне, начали спрашивать совета. Те, кто считали меня слабой, начали восхищаться. Но самое главное — я сама начала уважать себя. И это было самым большим подарком.

Когда вы растёте, вы не только изменяете свою жизнь. Вы изменяете правила игры. Те, кто думали, что знают вас, начинают видеть вас в новом свете. Это шокирует, это удивляет, это вдохновляет.

Ваш рост — это не месть. Это не способ доказать кому-то что-то. Это подарок себе. Это доказательство того, что вы можете больше, чем думали. И когда люди видят это, они не могут не заметить. Они не могут не задуматься: "А что, если и я могу так?"

Если вы читаете это и думаете: "Я не знаю, с чего начать," — начните с малого. Сделайте один шаг. Маленький, но важный. Начните читать книгу, которая вас вдохновляет, или посмотрите мотивирующий фильм. Начните ходить на прогулки. Найдите себе хобби. Начните говорить себе комплименты. Каждый маленький шаг приводит к большому росту.

И знайте: ваш рост шокирует не только других. Он шокирует вас саму. Потому что однажды вы оглянетесь и поймёте, что стали той женщиной, которой когда-то восхищались. Вы стали собой.

Глава 7. Самодостаточность — мой главный магнит

Есть удивительная сила в человеке, который живёт ради себя, а не ради одобрения других. Это то, что я поняла не сразу, но как только осознала, моя жизнь изменилась навсегда. Самодостаточность не означает, что ты не нуждаешься в других. Она означает, что ты не зависишь от них. И это, как оказалось, невероятно притягательно.

Как я открыла самодостаточность

Когда я осталась одна с дочерью, я чувствовала себя уязвимой. Слишком уязвимой. Любое слово могло ранить, любое замечание задеть. Я боялась, что люди увидят, как мне тяжело, и что мне это сделает больно и вернёт в прошлое. Я боялась, что я не справлюсь. Но однажды я поймала себя на мысли: "А что, если я смогу быть счастлива одна? Что, если мне не нужно одобрение других, чтобы чувствовать себя полноценной? А что, если пошли они все нахрен?"

Этот вопрос стал поворотным моментом. Он не только изменил моё отношение к себе, но и к людям вокруг. Я поняла, что я могу жить не для того, чтобы впечатлять других, а для того, чтобы радоваться жизни, пока жива.

Первые шаги к независимости

Путь к самодостаточности был долгим, но я начала с простых шагов:

1. **Разговор с собой.** Я спросила себя: "Что делает меня счастливой?" Это был честный разговор, который открыл мне глаза на то, что многие вещи, которыми я раньше занималась, были для других, а не для меня. Я училась заново слышать себя.
2. **Фокус на своих потребностях.** Когда ты долго живёшь ради других, ты забываешь о себе. Я начала задаваться вопросом: "Чего хочу я?" Ответы сначала пугали меня, потому что я привыкла игнорировать свои желания. Но постепенно я научилась позволять себе хотеть — и

исполнять свои желания. Хочешь новое платье – покупай, новый телефон – та с радостью.

3. **Независимость в мелочах.** Я начала с самых маленьких вещей. Я перестала спрашивать совета по любому поводу, начала принимать решения самостоятельно. Я училась доверять себе и не критиковать себя за ошибки. Я и дальше ошибаюсь, но принимаю это как опыт.

Энергия, которую нельзя игнорировать

Когда ты становишься самодостаточной, это меняет не только твоё внутреннее состояние, но и то, как тебя видят другие. Люди начинают чувствовать твою энергию. Это не эгоизм, это уверенность. Ты больше не просишь признания, не ждёшь одобрения. Ты живёшь для себя и своего ребёнка.

Мой первый опыт этого произошёл, когда я случайно встретила старого знакомого. Раньше наши разговоры всегда были односторонними: он говорил о том, какой он крутой, а я просто слушала и кивала. Но в тот день я говорила с ним спокойно и уверенно. Я не пыталась его впечатлить, не пыталась угодить, и просто обьяснила что мне не интерестно и нету времени на пустые разговоры. Я просто была собой. Он заметил это. Я видела это в его глазах. Это было удивительно: я ничего не делала специально, но моя самодостаточность говорила за меня. Мне было просто пофиг на мнение других. И я осознала, что больше не могу общатся с людьми, с которыми общалась раньше.

Люди тянутся к тем, кто комфортно чувствует себя наедине с собой. Это словно магия. Когда ты не нуждаешься в чужом одобрении, ты становишься загадкой. Люди задаются вопросом: "Почему она такая спокойная? Почему ей не нужно ничьё признание? Что в ней такого? Неужели ей не одиноко?"

Самодостаточность привлекает, потому что она показывает силу. Силу быть собой. Это не значит, что ты отвергаешь других. Это значит, что ты выбираешь себя. И это вызывает уважение. Для кого-то это одиночество, а для меня это свобода выбора.

Как я научилась наслаждаться своим обществом

Раньше одиночество пугало меня. Мне казалось, что быть одной — это признак слабости или неудачи, я смотрела на полноценные семьи и думала что должно быть именно так, и я делаю что-то не правильно. Но чем больше я проводила времени наедине с собой, чем больше встречала неподходящих мне людей, тем больше я училась наслаждаться своим одиночеством. Я поняла, что мне не нужно заполнять тишину чужими голосами, чтобы чувствовать себя счастливой.

Я начала устраивать себе "свидания с собой". Это могли быть прогулки возле океана или в горах, чтение книг или просто утренний кофе в одиночестве. Это были моменты, когда я чувствовала, что я — это всё, что мне нужно. И это чувство было невероятно освобождающим.

Когда ты становишься самодостаточной, люди вокруг замечают это. Они начинают относиться к тебе иначе. Те, кто раньше считал тебя слабой, начинают восхищаться. Те, кто привык манипулировать тобой, теряют интерес, потому что ты больше не играешь по их правилам.

Я помню, как однажды люди из прошлого пытались снова войти в мою жизнь. Я слышала фразы : "Ты так изменилась. Я едва тебя узнаю." Это была не похвала, а признание. Они видели, что я больше не та, кем они могли управлять, и пытались говорить только о прошлом, вызывая старые воспоминания, чтобы вернуть меня прежнюю. К слову, все эти люди тоже были посланы далеко и надолго.

Моя самодостаточность стала основой всего, что я строю. Она дала мне свободу быть собой, заниматься тем, что мне важно, и выбирать тех, с кем я хочу быть. Я больше не боюсь одиночества, потому что я знаю: я всегда буду в хорошей компании — с самой собой. И размениваться на общение с кем попало я не хочу и не буду больше никогда. Люди или принимают меня такой, какая я есть, или это не мои люди.

Советы для тех, кто хочет стать самодостаточным

1. **Начните с маленьких шагов.** Учитесь говорить "нет" тому, что не приносит вам радости или раздражает. Жизнь и так короткая, зачем постоянно страдать и делать то, чего не вы не хотите.
2. **Проводите время наедине с собой.** Это не наказание, это привилегия.Ходите в спа, на концерты, в ресторан. Да, это можно сделать и одной, не обязательно чья-то компания.
3. **Фокусируйтесь на своих целях.** Не пытайтесь угодить другим, учитесь слать их нахрен.
4. **Не извиняйтесь за свои желания.** Вы имеете право хотеть того, что делает вас счастливыми. Я этого хочу, значит это будет!

Самодостаточность — это не то, что приходит мгновенно, и мы не говорим о деньгах, крутых машинах и шикарных виллах. Это всё круто, но по сути не имеет никакого значения. Это процесс, который требует времени и работы над собой. Но как только вы научитесь быть счастливыми с собой, это изменит вашу жизнь. Вы больше не будете зависеть от чужого мнения. Вы будете жить для себя. И это сделает вас невероятно сильной и привлекательной.

Если вы сейчас находитесь на этом пути, знайте: вы уже делаете шаги к своей внутренней свободе. Каждый день, когда вы выбираете себя, вы становитесь ближе к тому, чтобы жить полной жизнью. И эта жизнь будет вашей, а не чьей-то ещё.

Глава 8.
Непредсказуемость как новая сила

Если бы кто-то три года назад сказал мне, что непредсказуемость станет моим секретным оружием, я бы удивилась. Весь мой мир был предсказуем, до ужаса однообразен: я жила по расписанию, где не было места для сюрпризов и оргазмов. Но с тех пор я узнала кое-что важное: когда ты становишься менее предсказуемой, ты не только обескураживаешь тех, кто привык к твоей стабильности, но и заново открываешь себя. Поэтому делай всегда то, что хочешь и тогда,когда хочешь.

Роль предсказуемости в моей старой жизни

В прошлом моя предсказуемость была моим спасением. Я всегда знала, что нужно делать, чтобы избежать конфликта, как угодить другим, как остаться в «безопасности». Это было моим механизмом выживания. Я была "той самой надёжной". Люди знали, что я никогда не подведу, что я всегда буду рядом, что на меня можно положиться, что я всегда помогу и подам руку.

Но проблема в том, что моя предсказуемость превратила меня в марионетку. Люди привыкли использовать меня, зная, что я никогда не скажу "нет". Мои мысли и желания не имели значения, потому что я позволяла другим писать сценарий моей жизни. Я жила по чужим правилам, пока однажды не поняла: больше так нельзя. И переломным моментом было то, что когда мне понадобилась рука помощи – её рядом не оказалось.

Как я начала ломать свои стереотипы

Когда я решила изменить свою жизнь, я не сразу поняла, насколько важно быть менее предсказуемой. Мои первые шаги были осторожными. Например, я перестала объяснять свои действия. Если я не хотела идти на встречу, я просто не шла. Если кто-то просил меня о помощи, я взвешивала свои силы и только потом принимала решение и не боялась говорить «Нет».

Это было нелегко. Меня мучили сомнения: "А вдруг они подумают, что я изменилась, что я плохая ?" И это был ключевой момент. Да - Я изменилась. Я больше не хотела быть той, кем меня видели. Я начала строить свою жизнь, в которой только я решала, как мне поступать. Советы других о том, как мне жить - начали меня жутко раздражать, потом я научилась просто их игнорировать.

Первый раз, когда я осознала силу своей новой непредсказуемости, был во время встречи с отцом моей дочери, когда ей исполнился год. Раньше он мог читать меня как открытую книгу. Он знал мои реакции, знал, что сказать, чтобы надавить на болевые точки. Но в тот день я была другой.

Когда он начал свои манипуляции, я просто улыбнулась и спокойно ответила: "Чувак, я больше не та, кем ты меня помнишь." Это ошеломило его. Он пытался найти привычные рычаги влияния, но ничего не сработало. Я больше не была предсказуемой, и это выбило его из колеи.За всю нашу встречу он провёл с дочкой от силы 20 минут. Я поняла что наша дочь была просто способом манипулировать мною. Тогда и было принято решение больше никогда не видеться. Надсюсь, что когда моя малышка подрастет и увидит эту книгу – она меня поймёт.

Почему непредсказуемость так притягательна

Люди привыкли, что окружающие следуют шаблонам. Когда ты вдруг выходишь за рамки этих шаблонов, это вызывает у них любопытство. Они начинают задаваться вопросами: "Что с ней произошло? Почему она больше не реагирует так, как я ожидал? Что у неё на уме?"

Моя новая непредсказуемость стала для меня не только защитой, но и источником силы. Я больше не боялась разочаровать других. Наоборот, я поняла: когда ты не поддаёшься ожиданиям, ты начинаешь задавать свои правила. Это вызывает интерес, уважение и даже восхищение. А ведь сделать это легко и просто, нужно просто проживать свою жизнь и позволять другим проживать свою.

Как я стала непредсказуемой для других

1. **Перестать оправдываться.** Когда я принимала решения, я

больше не объясняла их. Я просто действовала. Это сбивало людей с толку, потому что они привыкли слышать мои оправдания и обьяснения, теперь их нету. И никто не знает что у меня там в голове происходит.

2. **Менять свои привычки.** Я начала пробовать новое. Новые места, новые занятия, новые увлечения. Это сделало мою жизнь ярче, а меня — менее предсказуемой. Сегодня я здесь в роли мамы, завтра я покоряю горы где-то в Бенидорме, послезавтра я замечательно провожу время на рок концерте, через неделю пишу книгу и учу чешский как 6 язык в списке.
3. **Слушать себя.** Я перестала реагировать на ожидания других и начала слушать свои желания. Это помогло мне принимать решения, которые отражали мои настоящие потребности. Ведь по факту жизнь даст нам всё, чего мы хотим, просто иногда мы такие тупые, что сами не знаем, что именно нам надо.
4. **Не бояться разочаровывать.** Да, некоторые люди были недовольны. Но я поняла: их мнение обо мне — это их проблема, не моя. Я – офигенная, молодая, сильная и красивая женщина, которая достойна только лучшего, а кто пытается доказать мне обратно – идёт нахрен в ту же секунду.

Непредсказуемость стала для меня не просто новой чертой, но инструментом роста. Она позволила мне открывать в себе то, чего я раньше не видела. Каждый раз, когда я делала что-то неожиданное для себя, я чувствовала, как расширяю свои границы. Я больше не была той женщиной, которую можно было предугадать. Теперь я сама не всегда знаю что могу выкинуть, но меня это не расстраивает, а скорее наоборот – я радуюсь что удивляю иногда даже сама себя.

Реакция окружающих

Люди, которые привыкли видеть меня предсказуемой, по-разному реагировали на изменения. Кто-то пытался вернуть меня в старую динамику, используя чувство вины или обиды. Кто-то, наоборот, начал интересоваться мной по-новому. Но самое важное — я больше не позволяла этим реакциям определять мои действия.

Давняя подруга однажды сказала: "Ты стала такой непонятной." Это была не критика, это был комплимент для меня. Потому что моя непредсказуемость означала, что у нас больше нету общих тем для разговоров, что у нас разные интересы, и общение по типу «Мой муж козёл», или «Все в жизни так плохо!» меня больше не интересовало.

Чему я научилась

Непредсказуемость — это не про игры. Это про то, чтобы быть живой. Чтобы каждый день открывать себя заново, пробовать новое, выходить за рамки. Это про то, чтобы перестать быть тем, кем тебя хотят видеть другие, и стать тем, кем ты хочешь быть сама. Главное знать, к чему ты стремишся.

Советы для тех, кто хочет стать менее предсказуемым

1. **Слушайте себя.** Ваши желания важнее чужих ожиданий.
2. **Меняйте привычки.** Начните с малого: новый маршрут на работу, новый рецепт на ужин, новая музыка, новая причёска и тд.
3. **Удивляйте себя.** Делайте то, что раньше казалось невозможным.
4. **Не бойтесь ошибаться.** Непредсказуемость — это не про идеальность, это про свободу. Ошибки – путь к лучшей версии себя.

Если вы чувствуете, что застряли в однообразии, начните менять что-то прямо сейчас. Непредсказуемость — это не хаос, это искусство жить. Это способность удивлять себя и окружающих. Это способ выйти из тени и засиять.

Вы не обязаны быть предсказуемой, удобной или понятной. Вы можете быть собой. И это самое прекрасное, что вы можете сделать для себя и своей жизни – познать себя, кто ты и чего ты хочешь.

Глава 9. Осознание потери: когда они начинают понимать, что вас больше нет

Есть что-то парадоксальное в том, как работает человеческая психология. Пока вы рядом, пока вы доступны, пока вы всегда готовы помочь, вас воспринимают как должное. Это не злой умысел, это просто природа человека. Но стоит вам уйти, исчезнуть из поля зрения, как те, кто недооценивал вас, начинают ощущать пустоту. И эта пустота громче любых слов говорит о том, какую роль вы играли в их жизни.

Мой уход и его последствия

Мой уход из токсичных отношений не был драматичным. Не было громких криков, слёз или попыток что-то доказать. Это был один звонок в полицию, когда дома оставаться стало уже просто не безопасно. Я просто собрала себя в кулак, и попросила подругу позвонить в полицию, ведь после очередного скандала я осталась с разбитым телефоном, орущим ребёнком, синяком на ноге и фразой «Из дома ты больше выйдешь!». Но внутри меня бушевала буря. Я не знала, правильно ли я поступаю. Я боялась, что меня ждёт впереди. Но я знала одно: это больше не может продолжаться, хватит.

Сначала, конечно, было тяжело морально. Мысли «Правильно ли я поступила? Как быть дальше?». Но даже после суда, он был уверен, что я вернусь, как и раньше. Ведь раньше я всегда возвращалась и всё прощала, измены, зависимости, агрессию. Но я не вернулась. Я не отвечала на звонки, не писала, не искала встреч. Я исчезла из его жизни. И это стало для него шоком.

Первые недели после разрыва я чувствовала, что ничего не изменилось. Да, он пытался связаться со мной — из любопытства, из желания доказать, что и я и дочь под его контролем. Но это были формальные попытки. Я знала, что он не осознавал нашей ценности. Пока.

Прошло несколько месяцев, и что-то начало меняться. В его сообщениях и звонках появилось что-то новое — нотка беспокойства. Он начал спрашивать: «Как ты?» или «Ты не хочешь поговорить?» Раньше он никогда не интересовался моими чувствами, а теперь вдруг начал. Почему? Потому что он начал чувствовать пустоту. Нас не было, я забрала ребёнка, переехала и он даже не знал где нас искать. Мы пропали и начали учиться жить заново.

Пустота, которую вы оставляете

Когда вы уходите из чьей-то жизни, вы оставляете пустоту. Эта пустота — это все те моменты, которые вы наполняли своим присутствием. Это ваша поддержка, ваше тепло, ваша забота. И эта пустота становится зеркалом. Она отражает всё, что они потеряли.

Я поняла это, когда он однажды сказал мне: «Ты была для меня опорой. Я этого не понимал тогда, но теперь понимаю.» Это было неожиданно. Этот человек, который всегда обесценивал меня, теперь признавал мою важность. Но, что самое главное, это уже не имело для меня значения. Потому что я поняла свою ценность задолго до того, как он её осознал. У меня не осталось обиды или ненависти, только благодарность. Благодарность за замечательного ребёнка и меня, такую какя я сейчас. Всё что произошло сделало меня смелее и сильнее, а это много чего значит.

Что я поняла о своей ценности

Скука — мощное чувство. Но настоящая тоска приходит не сразу. Она начинается с маленьких моментов. С привычек, которые ты формировала в жизни других. Звука твоего голоса, твоего присутствия рядом. И вдруг, когда этого больше нет, их мир начинает казаться пустым.

Есть известная фраза: «Отсутствие усиливает любовь, присутствие укрепляет её.» Я испытала это на собственном опыте. Когда я была рядом, он воспринимал меня как должное. Когда меня не стало, он начал ценить.

Отсутствие — это не только расстояние в физическом смысле. Это и эмоциональная дистанция. Когда вы перестаёте быть доступны, вы даёте людям возможность почувствовать, каково это

— жить без вас. Это не манипуляция, это естественный процесс. И этот процесс может открыть глаза. В моём случае мои глаза увидели то, что я не хочу такого отца для своей дочери, и пусть это решение будет иметь свои последствия – я знаю, что поступила правильно.

Когда я ушла, я не только дала ему возможность осознать свою ценность, но и сама поняла, насколько я важна и чего стою. Уход не был местью или попыткой доказать что-то. Это было решение в пользу себя и своего ребёнка.

В течение месяцев после разрыва я начала понимать, сколько я вкладывала в наши отношения. Я была тем человеком, который поддерживал, вдохновлял, заботился. Но кто заботился обо мне? Никто. И я поняла: если я не начну ценить себя, никто другой этого не сделает.

Осознание потери работает как удар по лицу. Это момент, когда человек вдруг понимает, что потерял нечто ценное. Они начинают вспоминать моменты, когда вы были рядом, как вы помогали им, как вы были источником стабильности. И это осознание может быть болезненным.

Но для вас это освобождение. Потому что, когда люди понимают, что потеряли, вы уже находитесь в другом месте. Вы строите свою жизнь, вы растёте, вы становитесь сильнее. Их сожаления — это уже не ваши заботы.

Как справиться с их сожалением

Когда человек, который вас недооценивал, вдруг начинает осознавать свою ошибку, это может быть сложно. Они могут попытаться вернуться в вашу жизнь. Они могут обещать, что всё изменится. Но вот что важно: их сожаления не должны влиять на ваши решения.

Вы уже выбрали себя. Вы уже начали свой путь. Не позволяйте чужим сожалениям тянуть вас назад. Если они действительно хотят что-то изменить, они должны доказать это делом. А пока сосредоточьтесь на своём будущем. У всех разные ситуации, иногда можно возобновить общение и попробовать всё заново, в моём случае я была категорично против возвращаться в болото, с которого сама так долго вылазила. Нет, спасибо, я выбираю себя.

Если вы сейчас находитесь в точке, где люди начинают понимать вашу ценность, знайте: это не случайно. Это результат вашей работы над собой. Они видят ваш рост, вашу силу, вашу уверенность. Они начинают понимать, что упустили.

Но самое важное — это не их осознание, а ваше. Вы осознали свою ценность. Вы выбрали себя. И это самое главное. Потому что теперь вы не позволите никому снова вас недооценивать.

Глава 10. Желание быть частью моего нового пути

Когда я оглядываюсь назад на ту женщину, которой я была три года назад, мне хочется обнять её. Сказать: "Ты справишься. Это временно. Ты даже не представляешь, какая ты сильная." Потому что тогда я не знала, что это начало моего пути, пути, на котором я стану не только матерью, но и женщиной, которая вернёт себе контроль над своей жизнью.

Когда я выбралась из хаоса, я начала строить себя заново. Это было как медленный подъём после долгого падения. Но чем выше я поднималась, тем больше я осознавала: я не просто возвращаюсь к тому, кем была. Я становлюсь совершенно новой версией себя. И эта версия вдохновляла, удивляла и даже пугала тех, кто раньше знал меня.

Как я начала строить свой новый путь

После разрыва я осталась одна с двухмесячной дочерью, двадцатью евро в кармане и бесконечным чувством страха. Внутри всё кричало: "Ты не справишься! Это слишком!" Но был ещё один голос — тихий, едва слышный, но настойчивый: "Ты можешь. Ты обязана. Ради себя. Ради неё." И я выбрала слушать этот голос.

Мой путь начался с самых простых шагов. Я начала искать любую возможность, чтобы обеспечить дочь и себя. Работа, подработка, консультации. Всякий раз, когда я находила новую возможность, я говорила себе: "Это шаг вперёд." Я училась, ошибалась, пробовала заново. Было трудно, но я шла вперёд.

Сначала перемены были незаметными. Возможно, даже для меня самой. Это было как росток, который пробивается сквозь землю. Но со временем люди вокруг начали замечать, что что-то изменилось. Близкие, знакомые, друзья. Они видели женщину, которая больше не оправдывается, не терпит и не просит.

Когда ты начинаешь двигаться вперёд, те, кто недооценивал тебя, начинают осознавать свою ошибку. Они видят твой рост, твои успехи, твою силу. И они хотят стать частью твоей новой жизни.

Но вот правда: они не могут вернуться в неё, как будто ничего не случилось.

Я поняла это, когда бывший начал писать мне всё чаще. Он говорил, что скучает, что хочет "попробовать снова". Но я уже знала: этот путь я прохожу одна. И те, кто не был со мной в самый трудный момент, не имеют права быть со мной сейчас.

Жизнь, которую я строила

Мой новый путь был не идеальным, но он был моим. Я начала заниматься предпринимательством, открыла своё дело. Это не было легко. Иногда я сидела по ночам, работая над делами, пока моя дочь спала. Я училась многому на ходу, читала, пробовала. И каждый раз, когда я добивалась даже самой маленькой цели, это было как глоток свежего воздуха.

Я поняла, что могу. Что я больше не зависима. Что я способна обеспечить не только себя, но и своё будущее. Это осознание дало мне невероятную уверенность. Я больше не была жертвой. Я стала создателем своей жизни.

Когда ты начинаешь строить свою жизнь заново, это не проходит незамеченным. Люди вокруг начинают задаваться вопросами: "Как она это сделала? Как ей это удалось?" Но вот что важно: они видят только результат. Они не видят ночей без сна, полных слёз. Не видят страха, сомнений, ошибок.

Те, кто недооценивал меня, начали пытаться вернуть своё место в моей жизни. Они видели, как я расту, как я справляюсь, и хотели быть частью этого. Но я уже знала: я больше не позволю людям входить в мою жизнь только потому, что им этого хочется. Теперь в моей жизни остаются только те, кто ценит меня такой, какая я есть.

Однажды одна из моих старых подруг, которая отвернулась от меня в самые трудные времена, написала мне: "Я горжусь тобой." Это было странно. Потому что в тот момент я поняла: я не нуждаюсь в её признании. Я сама гордилась собой. И этого было достаточно.

Этот путь научил меня многому. Я узнала, что сила не в том, чтобы угождать другим, а в том, чтобы слушать себя. Что счастье — это не внешние обстоятельства, а внутреннее состояние. Что моя жизнь — это моя ответственность.

Я больше не боюсь одиночества, потому что знаю: я всегда буду рядом с собой. Я больше не боюсь отказа, потому что знаю: те, кто ценит меня, останутся. Я больше не боюсь будущего, потому что знаю: я справлюсь.

Мой совет вам

Если вы сейчас начинаете свой путь, знайте: это не будет легко. Вы столкнётесь с сомнениями, страхами, ошибками. Но каждая ошибка, каждый шаг назад — это часть вашего роста. Не позволяйте чужим словам, чужому мнению отвлекать вас от вашей цели.

Вы строите свою жизнь. И пусть те, кто недооценивал вас, наблюдают со стороны. Ваша задача — не доказывать им ничего. Ваша задача — быть собой.

Глава 11. Страх потерять: что происходит, когда ты становишься сильнее

Когда ты поднимаешься из руин, когда собираешь себя по кусочкам, когда начинаешь сиять — люди, которые однажды недооценивали тебя, начинают видеть в тебе нечто другое. Их отношение меняется. Их слова меняются. Но самое удивительное — меняется их взгляд. Ты становишься не тем, кого они считали слабым, а тем, кого они боятся потерять. И эта перемена говорит о многом.

Как это началось для меня

Когда я ушла из отношений, где меня обесценивали, я не пыталась ничего доказывать. Я просто хотела выжить. Моей целью было дать своей дочери нормальную жизнь, построить своё будущее, где меня никто не будет унижать. Я даже не думала о том, что моё отсутствие может как-то повлиять на бывшего или других людей.

Но чем больше я концентрировалась на себе, тем больше я росла. Я начинала замечать свои сильные стороны, ценить то, что у меня есть, и работать над тем, чего у меня не было. Я научилась быть независимой. Я начала улыбаться чаще, чем плакать. Моя дочь, которая была ещё совсем крошкой, становилась моим главным вдохновением. Я смотрела на неё и думала: "Ты заслуживаешь лучшей матери. Ты заслуживаешь видеть сильную, уверенную женщину."

Сначала люди пытаються казаться равнодушными. Будто им всё равно, что вы ушли. Будто они не замечает вашего роста. Но знаете, что происходит с людьми, которые привыкли управлять вами? Они начинают паниковать, когда теряют контроль.

Люди пытались вернуться в мою жизнь под разными предлогами. "Ты ведь не справишься одна." "Давай поговорим." "Я хочу видеть дочь." «Мы же старые друзья». Эти слова звучали, как извинения, но за ними стоял страх. Они начинали понимать, что я больше не та женщина, которую можно сломать словами. Они начинали понимать, что теряют меня прежнюю, а новой версии меня было всё равно на их существование. Сильные женщины привлекают. Не потому, что они идеально выглядят или потому, что у них всё под контролем. А потому, что их сила заставляет других чувствовать себя слабыми. Это не манипуляция, это правда. Когда вы становитесь уверенной в себе, люди начинают чувствовать, что теряют не только вас, но и доступ к вашей энергии.

Этот страх — не только потеря вас как личности. Это страх того, что кто-то другой увидит то, что они не ценили. Что кто-то другой увидит во мне не просто женщину, а личность, которая светится. Это страх, что они не смогут вернуть то, что потеряли.

Фраза "Ты наверняка уже кого-то встретила?" – вызывает у меня смех. Потому что правда в том, что я не ищу кого-то. Я слишком занята своей жизнью, своими целями, своей дочерью.

КАК Я ПЕРЕСТАЛА БОЯТЬСЯ потерять кого-либо

Когда ты долго живёшь в токсичных отношениях, ты боишься потерь. Ты боишься остаться одна. Но когда ты выбираешь себя, этот страх уходит. Потому что ты понимаешь: ты больше не теряешь. Ты только приобретаешь.

Я перестала бояться потерять кого-то, когда поняла, что я сама себе достаточно. Да, мне хотелось любви, понимания, заботы. Но я уже не искала их в других. Я научилась находить их в себе.

Мой рост изменил не только меня, но и то, как я видела мир. Я поняла, что люди боятся потерять не тех, кто зависит от них, а тех, кто становится независимым. Это как магнит: чем больше ты любишь себя, тем сильнее к тебе тянутся.

Но это больше не определяет мою ценность. Их страх потерять меня — это их страх. Моя ценность не зависит от их признания. Она в том, как я вижу себя, как я живу свою жизнь.

Когда я стала сильнее, я привлекла к себе не только внимание, но и уважение. Люди, которые раньше считали меня слабой, начали спрашивать совета. Те, кто раньше смотрел на меня свысока, теперь признавали мои успехи. Но я уже не искала их признания. Сейчас я даже смутно помню почему мы вообще общались.

Когда человек боится потерять тебя, он может делать всё, чтобы вернуть контроль. Это может быть манипуляция, попытка вызвать чувство вины или даже извинения. Но я научилась видеть это. Я больше не позволяю чужим страхам влиять на мои решения.

Я научилась говорить: "Спасибо, но моя жизнь движется вперёд." И это самая сильная вещь, которую я могла сказать.

Если вы сейчас находитесь в точке, где люди начинают бояться вас потерять, помните: это говорит не только о вашей ценности, но и о вашем росте. Они боятся, потому что видят, что вы стали сильной. Но не позволяйте этому тянуть вас назад.

И самое главное: не бойтесь потерять тех, кто боится потерять вас. Если они действительно ценят вас, они будут уважать ваш путь. А если нет — это их страх, не ваш.

Глава 12. Моё прошлое больше не определяет моё будущее

Когда я смотрю назад на свою жизнь, на те дни, полные страха и неопределённости, я испытываю смешанные чувства. Было время, когда боль прошлого казалась мне чем-то непреодолимым. Каждое слово, сказанное в мой адрес, каждая манипуляция, каждое унижение — всё это цеплялось за меня, словно якорь. Я чувствовала, что эти воспоминания преследуют меня, не дают двигаться вперёд. Но однажды я поняла, что прошлое — это не приговор. Оно — всего лишь история, а я могу выбрать, как её рассказать.

Как я освободилась от прошлого

Прошлое всегда рядом. Оно напоминает о себе в самых неожиданных моментах: в песнях, в запахах, в словах, которые кто-то говорит. Оно пытается удержать тебя, заставить снова переживать те же эмоции. Но в какой-то момент я поняла: прошлое имеет власть надо мной только тогда, когда я сама её ему отдаю.

Я начала осознавать, что мой опыт, каким бы болезненным он ни был, сделал меня той, кто я есть. Без тех ночей, когда я плакала в подушку, без тех дней, когда я думала, что не справлюсь, я бы не стала той женщиной, которой являюсь сейчас. Это было освобождающее осознание. Я перестала смотреть на своё прошлое как на цепь, которая держит меня, и начала видеть в нём уроки.

Я помню, как однажды, держа на руках свою двухмесячную дочь, я смотрела на неё и думала: "Ты никогда не должна видеть, как я плачу." Это стало для меня поворотным моментом. Боль, которую я чувствовала, больше не была чем-то, что нужно прятать. Она стала моим мотиватором.

Каждый раз, когда я вспоминала, как меня обесценивали, это мотивировало меня стать лучше. Не для них. Для себя и для моей дочери. Я решила: моё прошлое не будет определять, кем я стану. Оно станет моим трамплином, а не моей клеткой.

Как я начала переписывать свою историю

Переписать свою историю — это не значит забыть всё, что произошло. Это значит взглянуть на неё с другой точки зрения. Я начала задавать себе вопросы:

- Что я узнала из своего прошлого?
- Какие качества я развила благодаря этим испытаниям?
- Как я могу использовать этот опыт, чтобы двигаться вперёд?

Ответы были не всегда лёгкими. Но каждый раз, когда я находила в себе силу признать, что даже в самой тёмной главе моей жизни были уроки, я чувствовала, как моя история начинает менять своё значение.

Освободиться от прошлого — это значит решить, что ты больше не хочешь носить его с собой. Для меня это был процесс. Я писала списки. Буквально записывала всё, что меня тянуло вниз: страхи, обиды, сомнения. А потом задавала себе вопрос: "Нафиг мне это нужно?"

Я оставила в прошлом:

- Чувство вины за то, что я ушла.
- Страх быть недостаточно хорошей мамой.
- Желание доказывать кому-то свою ценность.

Каждый раз, когда я осознанно отпускала что-то из этого списка, я чувствовала, как становлюсь легче. Моё прошлое больше не управляло мной. Я начала выбирать, что взять с собой в будущее.

Я больше не была той женщиной, которая терпела, страдала, молчала. Я была женщиной, которая пережила всё это и стала сильнее.

Я начала строить жизнь, которая была наполнена радостью. Маленькими моментами счастья: утренним кофе, улыбкой дочери, новыми проектами. Каждый день я находила в себе что-то новое, что меня радовало. И это стало основой моей новой реальности.

Как прошлое пытается вернуться

Но давайте будем честными: прошлое не исчезает навсегда. Оно пытается вернуться. Всегда. Как будто-бы проверяет - тупица ли ты ещё. Оно шепчет тебе: "А помнишь, как было тяжело?" Оно напоминает о себе в воспоминаниях, в старых фотографиях, в случайных встречах.

Я научилась справляться с этим. Каждый раз, когда прошлое пыталось тянуть меня назад, я напоминала себе: "Ты уже там была. Ты уже это прошла. Ты уже выбралась. Зачем тебе это надо?" Моё прошлое больше не было угрозой. Оно стало моим напоминанием о том, как далеко я зашла. Я больше не позволяла своему прошлому влиять на меня. Я выбрала мир внутри себя.

Советы тем, кто хочет отпустить прошлое

1. **Примите то, что вы не можете изменить.** Ваше прошлое — это то, что было. Вы не можете его переписать, но вы можете выбрать, как относиться к нему. К слову, прошлого уже не существует, нету смысла тратить энергию на воспоминания и обиды.
2. **Учитесь прощать.** Это не для них, это для вас. Простить — значит отпустить и обрести покой.
3. **Сосредоточьтесь на будущем.** Что вы хотите создать? Какая жизнь вас вдохновляет? Кем вы хотите быть в глазах своего ребёнка?
4. **Помните свои уроки.** Ваше прошлое — это ваш опыт. Используйте его как инструмент для роста. Ошиблись – ничего, идите дальше.

Если вы сейчас чувствуете, что ваше прошлое держит вас, знайте: это временно. Вы можете освободиться. Это требует времени, усилий, но это возможно. И когда вы это сделаете, вы почувствуете невероятную лёгкость.

Ваше прошлое — это не вы. Это лишь часть вашей истории. И вы можете выбрать, как рассказать её. Вы можете выбрать, что будет в вашей следующей главе.

Глава 13. Моя дочь - мой якорь: как материнство спасло меня

Когда я держала свою дочь на руках в тот первый день её жизни, я не чувствовала ничего, кроме любви и боли. Боли от того, что моей мамы уже нет рядом, чтобы увидеть эту крошечную девочку, которой она так ждала. Любви, которая накрыла меня с головой, как волна. Тогда я ещё не знала, что именно моя дочь станет якорем, который удержит меня от падения в бездну. Она стала моим спасением в мире, который рушился вокруг.

Моя мама и её отсутствие

Моя мама была моим первым и самым важным примером женской силы. Она умела справляться с трудностями так, как я никогда не видела ни у кого другого. У нас были сложные отношения, но она для меня – пример, и я благодарна ей за всё. Мама, я тебя люблю. Ты навсегда в моём сердце. Когда мы были детьми, она всегда находила способ решить проблемы, как бы тяжело ей ни было. Её смех был как музыка, её забота была, как тёплый плед, который укрывает тебя в холодный вечер.

Когда я была беременна, я представляла, как мама будет держать на руках свою первую внучку. Я видела и представляла её радость, её слёзы счастья. Но жизнь распорядилась иначе. Она ушла, оставив меня в самом уязвимом состоянии. Её отсутствие стало для меня не просто болью, но пустотой, которую ничто не могло заполнить.

Я помню тот день, когда я спросила у сестры «Где мама? Почему она не звонит уже неделю?», и в ответ услышала «Сядь, мама сегодня умерла». Это было как удар молнии, разрывающий моё сердце. Я сидела на кухне, уже с животом, который едва позволял мне шевелиться, и смотрела в одну точку. Тогда мне казалось, что мне больно было даже дышать.

Рождение дочери: свет в тёмном тоннеле

Когда моя дочь появилась на свет, я почувствовала, как будто мир впервые за долгое время задышал вместе со мной. Это было не только счастье, но и страх. Я смотрела на её крошечное личико, на её пальчики и думала: "А смогу ли я быть для неё такой же мамой, как была для меня моя мама?"

Её плач стал для меня напоминанием о том, что я не могу сдаться. Её улыбки и крики были моим лекарством. Она спасала меня каждый день, даже не осознавая этого. Когда я держала её, я чувствовала, что больше не одна. У меня есть цель, у меня есть ответственность. И самое главное — у меня есть любовь.

Материнство изменило всё. Оно заставило меня взглянуть на себя иначе. Раньше я думала, что я слабая, что я ничего не могу. Но каждый раз, когда я просыпалась среди ночи, чтобы накормить её, каждый раз, когда я успокаивала её, хотя сама была на грани истощения, я доказывала себе, что это не так, я могу всё.

Моя дочь стала для меня зеркалом. Я смотрела на неё и видела, какой хочу быть. Сильной, счастливой, любящей. Я видела в её глазах себя — ту, которая никогда не сдаётся.

Мне было страшно. Я боялась сделать что-то не так. Боялась, что не смогу дать ей того, чего она заслуживает. Но со временем я поняла: для неё важнее всего видеть маму, которая борется. Маму, которая не сдаётся. Маму, которая идёт вперёд, даже если это трудно.

Я начала с простых вещей. Я вставала каждое утро и говорила себе: "Сегодня я сделаю всё, что в моих силах." Иногда это были маленькие победы: приготовить её любимую кашу, выйти с ней на прогулку, уложить её спать с улыбкой на лице. Иногда это были большие шаги: найти работу, начать своё дело, научиться справляться с одиночеством.

Чувство вины и как я его преодолела

Честно говоря, я часто чувствовала вину. Вину за то, что не могла дать ей идеального детства. За то, что не смогла сохранить семью. За то, что она растёт без бабушки, которая её так ждала. Но однажды я поняла: она не ждёт от меня идеальности. Она ждёт любви.

Я поняла, что мне не нужно быть безупречной мамой. Мне нужно быть мамой, которая старается, которая любит, которая делает всё возможное. И это было освобождающим осознанием.

Моя дочь вдохновляла меня на каждый шаг. Когда мне было страшно, я смотрела на неё и думала: "Я должна сделать это ради неё." Когда я уставала, я напоминала себе, что она нуждается во мне. Её смех, её первые шаги, её первое "мама" — всё это было моей мотивацией.

Материнство не сделало мою жизнь легче. Оно сделало её глубже. Каждый день, проведённый с ней, напоминал мне, что я могу быть сильной. Что я могу любить.

Что я поняла о себе и о жизни

Если честно – нихрена я не поняла, как устроенна жизнь. Поняла лишь то, что могу сама выбирать свой путь и быть благодарна жизни за всё. С рождением моей дочери я узнала много нового о себе. Я узнала, что я способна на большее, чем думала. Я узнала, что в самые тёмные моменты всегда есть свет. Этот свет может быть маленьким, как улыбка ребёнка, но он есть.

Моя дочь научила меня быть лучше. Не для кого-то, а для себя. Потому что, когда ты становишься лучше для себя, ты становишься лучше и для тех, кто тебя окружает.

Моя мама так и не увидела свою внучку, но я чувствую её присутствие каждый день. В моих действиях, в моих решениях, в моей любви к дочери. Я знаю, что она гордилась бы мной. Я слышу её голос, когда мне трудно. Я чувствую её силу, когда я сомневаюсь.

Я часто говорю своей дочери о бабушке. О том, какой она была сильной, любящей, мудрой. Я хочу, чтобы моя дочь знала, что она растёт в семье женщин, которые никогда не сдаются.

Материнство — это не только ответственность, но и невероятный источник силы. Если вы сейчас чувствуете себя потерянной, посмотрите на тех, кого вы любите. Они могут стать вашим якорем, вашим светом, вашим вдохновением.

Вы сильнее, чем думаете. Вы можете справиться. И каждый день, когда вы встаёте, когда вы заботитесь о своих детях, когда вы делаете даже самые маленькие шаги, вы уже побеждаете.

Глава 14. Вторая жизнь: как я научилась снова мечтать

Когда мир вокруг рушится, последняя вещь, о которой ты думаешь, — это мечты. На что мечтать, если нужно выживать? Если в голове только мысли о том, как прокормить ребёнка, как заработать на завтра, как не потерять себя? Но со временем я поняла: мечты — это не роскошь. Это необходимость. Это маяк, который ведёт тебя, когда вокруг темно.

Моя жизнь без мечты

После потери мамы и разрыва с бывшим я жила на автопилоте. Я не думала о будущем. Я просто делала то, что нужно было делать: кормила дочь, искала работу, заботилась о самых базовых потребностях. Моя жизнь была похожа на бег по замкнутому кругу, без остановок, без передышек.

Мечты казались чем-то недостижимым, чем-то, что осталось в далёком прошлом. В детстве я мечтала стать независимой, успешной, уверенной женщиной. Но теперь я не видела смысла в этих мечтах. "Слишком поздно," — говорила я себе. "Слишком сложно."

Поворотный момент настал, когда я подумала, а что, если моя дочь когда-то скажет: "Мама, я хочу быть, как ты." Эти слова пробили меня до глубины души. Как я могу быть примером для неё, если я живу без цели, без радости, без мечты? Я посмотрела на неё и подумала: "А что, если я начну мечтать не только для себя, но и для неё? Что, если мои мечты станут её вдохновением?"

И в ту ночь, когда она уже спала, я взяла лист бумаги и написала свой первый за долгое время список желаний. Не целей, не планов, а именно желаний. Я позволила себе хотеть того, что раньше казалось невозможным. Быть финансово независимой. Путешествовать. Купить в будущем дом, где моя дочь будет расти в радости. Стать примером для неё.

Как я начала двигаться к своим мечтам

Путь к мечтам начался с маленьких шагов. Я понимала, что не могу изменить свою жизнь за одну ночь, но я могу делать что-то каждый день. Я научилась разделять свои мечты на маленькие, достижимые цели. Например, я хотела начать своё дело, но у меня не было ни ресурсов, ни возможностей. Тогда я решила: каждый день я буду делать хотя бы одно маленькое действие, чтобы приблизиться к этому и больше никогда не буду работать на кого-то. Это было медленно, но с каждым шагом я чувствовала, что становлюсь ближе к целе.

Конечно, было трудно. Были дни, когда я сомневалась в себе. Дни, когда я смотрела на банковский счёт и думала: "Это невозможно, как я могу оплатить все счета за жильё, налоги, детский сад." Были моменты, когда я чувствовала себя глупо за то, что вообще решилась мечтать быть «сильной и независимой». Но каждый раз, когда я хотела сдаться, я вспоминала, что я буду примером для свой дочери.

И это подталкивало меня. Я знала, что мои мечты — это не только про меня. Это про неё. Я хотела, чтобы она выросла, зная, что можно мечтать, что можно достигать, что можно быть больше, чем обстоятельства, в которых ты родилась.

Первой мечтой, которую я осуществила, было финансовое улучшение. Я начала получать стабильный доход от своего дела. Это был небольшой успех, но он дал мне уверенность в себе. Потом я поставила себе следующую цель: больше времени проводить с дочерью, чтобы она видела во мне не только работающую маму, но и любящую, заботливую женщину, этот момент до сих пор даётся мне тяжело, ведь работая нон-стоп иногда просто сложно остановиться и расслабиться.

Мечты дают тебе не просто цель. Они дают тебе смысл. Когда ты знаешь, чего хочешь, ты перестаёшь бояться будущего. Ты начинаешь жить с осознанием, что каждое твое действие приближает тебя к чему-то большему.

Для меня мечты стали способом справляться с трудностями. Когда я сталкивалась с препятствиями, я спрашивала себя: "Как это поможет мне достичь того, чего я хочу?" И это помогало мне продолжать, даже когда было тяжело.

Мечты научили меня видеть себя иначе. Я поняла, что я способна на большее, чем думала. Я поняла, что мои желания важны. Я поняла, что могу и уже создаю жизнь, о которой мечтаю.

Как вы можете начать мечтать

1. **Позвольте себе мечтать.** Не думайте о том, реально это или нет. Просто напишите всё, чего вы хотите. Даже если будет это будет выглядить для вас смешно.
2. **Разделите мечты на шаги.** Даже самое большое желание можно достичь, если разбить его на маленькие действия.
3. **Двигайтесь каждый день.** Даже если это всего один шаг, он приближает вас к вашей мечте.
4. **Не бойтесь ошибок.** Ошибки — это часть пути. Они учат вас и делают сильнее. Я и дальше совершаю ошибки, но мы не идеальны. Главное учится на своих ошибках и не допускать их в будущем.

Мечты — это то, что делает нас живыми. Не позволяйте никому говорить вам, что мечтать бесполезно. Ваши мечты — это ваши крылья. И даже если вы сейчас не знаете, как их осуществить, просто начните. Маленькими шагами, с верой в себя.

Вы заслуживаете жить жизнью, о которой мечтаете. И ваша история ещё только начинается.

Глава 15. Путь к себе: как я научилась любить и принимать себя

Если бы кто-то три года назад сказал мне, что я буду так сильно любить себя, я бы рассмеялась. Любить себя? Это казалось чем-то из другой вселенной. Ведь я жила с постоянным ощущением, что со мной что-то не так. Я была уверена, что не заслуживаю счастья, что мои ошибки определяют меня, а моя ценность зависит от того, как меня оценивают другие. И что монстр, рядом со мной – лучшее что могло произойти со мной в жизни.

Но жизнь — удивительная штука. Она способна развернуть тебя лицом к зеркалу, заставить посмотреть на себя по-настоящему и сказать: "Ты уже достаточно хороша." Этот путь был для меня самым сложным и самым важным. Потому что, пока ты не научишься любить и принимать себя, ты не сможешь построить жизнь, которую заслуживаешь.

Начало пути: доверие к себе

Я начала с полного отрицания. Как я могу любить себя, если я чувствовала, что всё рушится и в этом виновата я? Как я могу уважать себя, если я допустила, чтобы меня унижали и не ценили? Как я могу принять себя, если я — женщина, которая осталась одна с ребёнком, без денег и без будущего?

Я смотрела на себя в зеркало и видела лишь ошибки. Я видела слёзы, разочарование, усталость. Но потом я начала задавать себе вопросы: "Почему ты так жестока к себе? Разве ты не заслуживаешь поддержки? Разве ты не прошла через ад, чтобы быть здесь, сегодня?"

Мой первый шаг к любви к себе был простым: я начала менять слова, которые говорила себе. Вместо "Ты недостаточно хороша" я стала говорить "Ты делаешь всё, что можешь". Вместо "Ты никогда не справишься" — "Лена, ты уже справлялась и с худшим".

Сначала это казалось глупым. Как будто я обманываю себя. Но со временем я поняла: слова имеют силу. Чем чаще я говорила себе что-то доброе, тем легче мне становилось верить в это.

Как я начала видеть свою ценность

Моя дочь стала моим главным учителем. Однажды она подошла ко мне после затяжной истерики, обняла меня и успокоилась, и я почувствовала самую настоящую любовь, которая только может быть в этом мире, любовь между ребёнком и мамой. Если моя дочь видит во мне лучшую маму, почему я не могу видеть в себе достойного человека?

Я начала замечать свои сильные стороны. То, как я справляюсь с трудностями. То, как я ухаживаю за дочерью. То, как я борюсь за наше с ней будущее. Это было нелегко, но каждый раз, когда я находила в себе что-то хорошее, я чувствовала, как растёт моя уверенность.

Прощение — это не про других. Это про себя. Признать свои ошибки, осознать свои слабости и дать себе право на новую жизнь.

Я долго не могла простить себя за то, что так долго терпела токсичные отношения. За то, что позволила себе быть униженной и терпеть агрессию. За то, что не ушла раньше. Но однажды я поняла: продолжая обвинять себя, я только усиливаю боль. Я не могу изменить прошлое. Но я могу изменить то, как я к нему отношусь.

Я сказала себе: "Ты делала то, что могла в тех обстоятельствах. Ты справилась, как могла. И это уже победа." Эти слова стали для меня началом прощения себя.

Любовь к себе — это действие

Любовь к себе — это не только про то, что ты говоришь себе. Это про то, что ты делаешь для себя. Я начала заботиться о своём теле, своём разуме, своей душе.

- Я начала гулять по утрам в горах и возле океана, чтобы зарядиться энергией.
- Я читала книги, которые вдохновляли меня и учили новому подходу и мышлению.
- Я разрешила себе отдыхать, когда была уставшей.

Эти маленькие действия стали для меня проявлением любви к себе. Они напоминали мне: я заслуживаю заботы, и могу позаботиться о себе сама, мне никто для этого не нужен.

Помню, как однажды утром я встала, посмотрела в зеркало и улыбнулась. Это была первая настоящая улыбка за долгое время. Я увидела в своём отражении не уставшую и побитую жизнью женщину, а воина, ту, кто борется, кто идёт вперёд.

Я сказала себе: "Ты сильная. Ты красивая. Ты умная." И с того для не перестаю верить в это.

Мои уроки любви к себе

1. **Слушайте себя.** Ваши чувства и желания важны. Не игнорируйте их.
2. **Говорите себе доброе.** Ваши слова итношение к себе формируют вашу реальность.
3. **Заботьтесь о себе.** Еда, сон, отдых, хобби — это не роскошь, а необходимость.
4. **Учитесь прощать себя.** Ваши ошибки не определяют вас, вас определяет то, как вы поступаете дальше, совершив их.

Я часто думаю о маме. Она всегда говорила мне: "Ты заслуживаешь всего самого лучшего." Но только теперь я начинаю по-настоящему понимать её слова. Я знаю, что её сила, её любовь, её мудрость живут во мне. И я постараюсь передать это своей дочери.

Если вы сейчас чувствуете, что не заслуживаете любви, знайте: это не так. Вы уже достаточно хороши. Вы уже сделали достаточно. Любить себя — это не эгоизм, это необходимость.

Начните с маленького шага. Скажите себе что-то доброе. Сделайте для себя что-то приятное. И помните: вы заслуживаете всей любви, которая есть в этом мире.

Заключение. Сила быть собой: мой путь к новой жизни

Когда я думаю о своём пути, о том, как я начинала с обрывков разбитой жизни, я испытываю одновременно боль и гордость. Боль за ту женщину, которой я была, за все те моменты, когда я сомневалась, справлюсь ли. И гордость за ту, кем я стала. Это был долгий путь, полный слёз, страха и борьбы. Но именно этот путь сделал меня той, кто я есть сегодня. И ещё многое ждёт меня впереди, но я знаю что всё, что не убивает меня – делает только сильнее.

Что для меня значит быть сильной

Сила, которую я нашла в себе, не похожа на ту, о которой пишут в книгах или показывают в фильмах с Анджелиной Джолли в главной роли. Она не кричит, не требует внимания. Она тихая, упорная, стабильная. Сила — это когда ты поднимаешься каждое утро, даже если всю ночь не спала. Это когда ты идёшь вперёд, даже если боишься и не знаешь что тебя ждёт впереди. Это когда ты выбираешь себя, даже если раньше всегда выбирала других.

Я думала, что сила — это что-то, что ты можешь потерять. Но я поняла: сила — это то, что всегда внутри нас. Её не отнимут ни обстоятельства, ни люди, ни ошибки. Она растёт с каждым твоим шагом на пути к себе.

Принятие себя стало для меня самой большой победой. Я научилась смотреть в зеркало и видеть не только ошибки и недостатки, но и ту женщину, которая боролась за свою жизнь, за своё счастье, за свою дочь.

Я больше не прошу у мира разрешения быть собой. Я больше не ищу одобрения у тех, кто однажды не ценил меня. Я нашла силу в том, чтобы быть собой — не идеальной, не всегда успешной, но настоящей. Я перестала притворяться и начала всегда говорить о своих мыслях и чувствах другим.

Сила благодарности и сказать "да" жизни

Я благодарна своему прошлому, несмотря на всю его боль. Это оно сделало меня сильнее. Оно показало мне, как важно выбирать себя. Оно научило меня видеть свет даже в самых тёмных уголках.

Я благодарна своей маме, которая, несмотря на то, что её больше нет рядом, продолжает жить в моих воспоминаниях и моих действиях. Она всегда говорила: "Ты справишься, ты сильная." И теперь я знаю, что она была права. Тоже самое я буду говорить и своей дочери. Но сделаю всё возможное чтобы уберечь её от боли, которую приходилось испытывать мне.

И я благодарна своей дочери. Она стала моим вдохновением, моим якорем. Её смех, её первые шаги, её доверие ко мне наполнили мою жизнь смыслом. Я смотрю на неё и думаю: "Всё это было ради тебя. Но благодарности я никогда просить не буду."

Раньше я боялась мечтать. Я боялась идти вперёд. Но теперь я говорю "да" каждому дню. Я знаю, что жизнь может быть трудной, но она может быть и прекрасной. Я больше не жду идеального момента, чтобы быть счастливой. Я создаю своё счастье и делаю то, что хочу. Я не закрываюсь от людей и не боюсь доверять, я прекрасно осознаю что в этом мире есть «мои» люди, и те, которых стоит посылать подальше.

Я смотрю в будущее с уверенностью. Не потому, что я знаю, что всё будет легко. А потому, что я знаю: я справлюсь с любыми трудностями. Я всегда это делала и буду делать дальше.

Что я хочу оставить вам

Если вы читаете это и чувствуете, что находитесь в самом низу, знайте: это временно. Вы сильнее, чем думаете. Вы справитесь. Ваши ошибки не определяют вас. Ваши страхи не остановят вас. Вы можете начать заново в любой момент.

Помните, что сила — это не про то, чтобы быть идеальной. Это про то, чтобы вставать каждый раз, когда вы падаете. Это про то, чтобы любить себя, несмотря на всё. Это про то, чтобы идти вперёд, даже если страшно.

Моя жизнь теперь

Сейчас моя жизнь не идеальна, но она моя. Я люблю себя. Я люблю свою дочь. Я люблю то, что я создаю. И я благодарна за всё, что привело меня сюда.

Я больше не жертва обстоятельств. Я автор своей жизни. И я знаю, что каждая женщина, которая читает это, может сделать то же самое. Начать с маленького шага. Сделать выбор в пользу себя. Найти в себе силу быть собой.

Если бы я могла сказать что-то той девушке, которой я была три года назад, я бы сказала: "Дорогая, успокойся, ты со всем справишься. Ты сильная, и ты достойна счастья." И я говорю это вам. Помните, что ваша история ещё не закончена. Вы держите ручку, и только вы можете написать её финал.

Вы достойны всего, чего желаете. Достойны любви, счастья, мечт. И самое главное — вы достойны того, чтобы любить себя. Начните сегодня. Начните сейчас.

Это была моя история. Теперь ваша очередь писать свою. И я знаю, что у вас получится.

www.ingramcontent.com/pod-product-compliance
Lightning Source LLC
LaVergne TN
LVHW091124150826
845673LV00002B/962

* 9 7 9 8 2 3 0 2 9 5 4 9 5 *